Emozioni in Viaggio: Guida per una Vita di Valore e Onore

Prefazione

Benvenuti in un viaggio straordinario attraverso il cuore e la mente umana, alla scoperta del potere delle emozioni nel plasmare le nostre vite. Questo libro è un invito a esplorare il vasto mondo delle emozioni, a imparare a riconoscerle, a gestirle in modo consapevole e, soprattutto, a utilizzarle come forza propulsiva per creare una vita di valore e onore.

Le emozioni sono come i cavalli che guidano la carrozza dei nostri pensieri e delle nostre azioni. Sono potenti, misteriose e spesso incontrollabili, ma hanno il potenziale per condurci verso terre inesplorate e avventure straordinarie. In queste pagine, scoprirete come prendere le redini di questa carrozza emotiva e dirigere il vostro percorso verso una vita più significativa e autentica.

Abbiamo esplorato le emozioni nei loro molteplici aspetti, scoprendo come influenzano i nostri pensieri, le nostre decisioni e il nostro comportamento quotidiano. Abbiamo imparato a riconoscere le emozioni come parte integrante della nostra esperienza umana, senza giudicarle o reprimerle. Abbiamo compreso che le emozioni non sono solo reazioni istintive, ma possono diventare strumenti per la crescita personale e la realizzazione dei nostri valori più profondi.

Nel corso del nostro viaggio, abbiamo creato un circolo virtuoso in cui emozioni positive generano pensieri costruttivi, che a loro volta ci spingono a intraprendere azioni di valore. Questo circolo virtuoso è il perno su cui ruota una vita di valore e onore, in cui ogni giorno è un'opportunità per crescere, contribuire al bene comune e vivere secondo i nostri principi.

Questo libro è stato scritto per voi, i viaggiatori curiosi e determinati che cercano di comprendere il potere delle emozioni nella vostra vita. È un invito a esplorare il vostro mondo interiore, a sviluppare la consapevolezza emotiva e a coltivare emozioni positive. È una guida per trasformare queste emozioni in azioni significative e onorevoli.

Ogni capitolo è un passo nel vostro percorso di scoperta e crescita personale. Siate pronti a mettere in pratica ciò che imparate, a sfidare voi stessi e a celebrare i successi lungo la strada.

Il mondo delle emozioni è un universo straordinario, e il vostro cuore e la vostra mente sono le chiavi per esplorarlo appieno. Vi auguro un viaggio affascinante e illuminante attraverso le pagine di questo libro e, soprattutto, attraverso la vostra stessa vita. La vostra carrozza emotiva è pronta per il prossimo capitolo della vostra avventura. Buon viaggio!

Introduzione

Le emozioni sono come i cavalli che guidano la carrozza dei nostri pensieri e azioni. Sono potenti, indomabili e, allo stesso tempo, delicati e sensibili. Possono portarci in luoghi meravigliosi o farci precipitare in abissi oscuri. Come gestiamo queste emozioni, come le comprendiamo e come le utilizziamo, determina in gran parte la qualità della nostra vita.

In questo libro, esploreremo il ruolo cruciale che le emozioni svolgono nelle nostre vite quotidiane e come possiamo imparare a gestirle in modo efficace per ottenere pensieri costruttivi e azioni di valore. Ognuno di noi è un viaggiatore su questa carrozza della vita, e le emozioni sono i cavalli che ci trainano. Ma non siamo impotenti passeggeri; possiamo prendere le redini e dirigere il nostro percorso.

Nel corso di questi capitoli, esamineremo le diverse emozioni che attraversano le nostre menti, impareremo a riconoscerle e a comprenderle. Scopriremo come le emozioni influenzano i nostri pensieri, spingendoci verso direzioni che a volte non capiamo appieno. Ma soprattutto, ci concentreremo sulla gestione delle emozioni - come possiamo regolarle, come possiamo guidarle nella direzione che desideriamo e come possiamo trasformarle in forza propulsiva per azioni di valore nella vita reale.

Il nostro obiettivo è creare un circolo virtuoso di emozioni, pensieri e azioni positive che possano costruire una vita piena di significato e onore. Nella pagina successiva, inizieremo il nostro viaggio esplorando le emozioni e imparando a riconoscerle. Siate pronti, perché il viaggio sarà coinvolgente, illuminante e, speriamo, trasformativo.

Capitolo 1: "L'Arte di Riconoscere le Emozioni"

Nel vasto spettro delle esperienze umane, nulla è più potente, più pervasivo e, allo stesso tempo, più intimo delle emozioni. Sono come colori sfumati che dipingono il quadro della nostra vita interiore, dando profondità e significato a ogni pennellata. Ogni emozione è una nota inestimabile in una sinfonia unica che è la nostra vita.
L'emozione è l'essenza stessa di ciò che ci rende umani. Dalla gioia scintillante al dolore profondo, dalla rabbia furente alla tranquillità serena, le emozioni sono il linguaggio segreto delle nostre anime. Ma come possiamo imparare a riconoscerle, a decifrarle e a trarne valore?

L'Orchestra delle Emozioni

Immaginate le emozioni come una vasta orchestra sinfonica, con ciascun strumento che rappresenta una diversa emozione. La gioia potrebbe essere il violino, con le sue note leggere e melodiose che danzano nell'aria. La tristezza potrebbe essere il violoncello, con le sue note profonde e malinconiche che penetrano nel cuore. La rabbia potrebbe essere la tromba, con il suo suono potente e penetrante che richiama all'attenzione. Ogni emozione ha il suo posto nell'orchestra e contribuisce alla composizione unica della nostra esperienza emotiva. Ma per apprezzare appieno la bellezza di questa sinfonia, dobbiamo imparare a riconoscere i vari strumenti e le loro sfumature.

Il Vocabolario delle Emozioni

Il primo passo per comprendere le emozioni è sviluppare un vocabolario emotivo. Molte persone si sentono limitate nell'esprimere le proprie emozioni, spesso riducendo tutto a "bene" o "male". Tuttavia, il mondo delle emozioni è molto più sfaccettato di quanto possiamo immaginare. Iniziamo con alcune emozioni di base:

- **Gioia**: La gioia è una sensazione di felicità intensa e positiva. È come un raggio di sole che illumina la nostra giornata e ci fa sorridere spontaneamente.

- **Tristezza**: La tristezza è una sensazione di disagio e perdita. Può manifestarsi come lacrime silenziose o un senso di vuoto nel petto.

- **Rabbia**: La rabbia è una reazione emotiva a una percezione di ingiustizia o minaccia. Può portare a una tensione muscolare e ad un aumento della frequenza cardiaca.

- **Paura**: La paura è una risposta emotiva a una situazione percepita come pericolosa. Può farci sentire ansiosi e ci spinge a cercare protezione.

- **Amore**: L'amore è una sensazione profonda di affetto e connessione verso qualcuno o qualcosa. Può scaldare il cuore e farci sentire vivi.

Questi sono solo alcuni esempi, ma il mondo delle emozioni è molto più vasto. Possiamo sperimentare emozioni complesse come la gratitudine, la gelosia, l'orgoglio, la vergogna e molte altre. Riconoscere queste sfumature ci consente di entrare in contatto con noi stessi in modo più profondo e di comunicare meglio con gli altri.

L'Importanza della Consapevolezza Emotiva

Riconoscere le emozioni è solo il primo passo. La consapevolezza emotiva è la capacità di comprendere le nostre emozioni in modo più approfondito. Significa essere in grado di rispondere alle domande: "Perché sto provando questa emozione?" e "Come sta influenzando i miei pensieri e le mie azioni?". La consapevolezza emotiva ci aiuta a evitare reazioni impulsive e a prendere decisioni più consapevoli. Ci permette di gestire meglio le situazioni stressanti e di sviluppare relazioni più sane con gli altri.

Conclusione del Capitolo

Nel nostro viaggio attraverso il mondo delle emozioni, il primo passo è stato compiuto. Abbiamo iniziato a riconoscere le emozioni come gli strumenti di un'orchestra emotiva che suona la nostra vita. Ma questo è solo l'inizio. Nel prossimo capitolo, esploreremo come le emozioni influenzano i nostri pensieri e come possiamo utilizzare questa conoscenza per creare pensieri più costruttivi e azioni di valore. Siate pronti a scoprire un mondo di possibilità all'interno di voi stessi.

Capitolo 2: "Emozioni e Pensieri: Una Relazione Intricata"

Nel capitolo precedente abbiamo iniziato a esplorare il vasto mondo delle emozioni, identificandole come gli strumenti di un'orchestra che suona la nostra vita. Ora è il momento di addentrarci più a fondo in questa sinfonia emotiva e scoprire come le emozioni influenzano i nostri pensieri, dando vita a una relazione intricata che plasmerà il corso delle nostre azioni.

Il Ciclo Emozionale

Immaginiamo le emozioni come pietre che cadono in uno stagno. Ogni emozione è una pietra che crea onde, che si espandono e si propagano. Queste onde raggiungono le sponde dello stagno, dove rappresentano i nostri pensieri. Quando sperimentiamo un'emozione, questa crea una serie di pensieri correlati, che a loro volta possono scatenare nuove emozioni. Questo ciclo si ripete costantemente, come una danza infinita tra emozioni e pensieri. Ad esempio, se ci troviamo in una situazione che ci fa sentire ansiosi, i nostri pensieri possono iniziare a concentrarsi sulle possibili minacce o pericoli. Questi pensieri alimentano ulteriormente la nostra ansia, creando un ciclo di paura che può essere difficile da rompere.

Il Potere dei Pensieri Automatici

Spesso i nostri pensieri sono automatici e reattivi. Ciò significa che non sempre siamo consapevoli dei pensieri che scaturiscono dalle nostre emozioni. Questi pensieri automatici possono essere il risultato di convinzioni profonde o schemi mentali che abbiamo sviluppato nel corso della vita.

Per esempio, se abbiamo avuto esperienze passate di tradimento, potremmo avere il pensiero automatico che tutti intorno a noi sono inaffidabili. Questo pensiero potrebbe essere innescato da emozioni di paura o diffidenza. Di conseguenza, potremmo avere difficoltà a fidarci degli altri e a costruire relazioni significative.

Il Potere della Consapevolezza

La consapevolezza è la chiave per interrompere il ciclo dei pensieri automatici e delle emozioni reattive. Quando diventiamo consapevoli dei nostri pensieri e delle emozioni che li alimentano, acquisiamo il potere di cambiarli. Possiamo sfidare le convinzioni limitanti e sviluppare nuovi modi di pensare.

Per esempio, se riconosciamo che la nostra paura di essere traditi è legata a esperienze passate, possiamo lavorare sulla fiducia in noi stessi e negli altri. Possiamo imparare a distinguere tra situazioni reali di pericolo e situazioni in cui la nostra paura è infondata.

La Scelta Consapevole

La relazione tra emozioni e pensieri ci offre una preziosa opportunità: la possibilità di fare scelte consapevoli. Possiamo scegliere di lasciare che le emozioni negative alimentino pensieri distruttivi e azioni impulsive, oppure possiamo scegliere di sfidare e trasformare quei pensieri per creare azioni di valore nella nostra vita.
In questo capitolo, abbiamo iniziato a esplorare l'interazione complessa tra emozioni e pensieri. Abbiamo imparato che la consapevolezza di questa relazione è fondamentale per rompere il ciclo negativo e per prendere il controllo della nostra carrozza emotiva. Nel prossimo capitolo, ci concentreremo sulla gestione delle emozioni e su come possiamo sviluppare la

capacità di regolarle in modo efficace per ottenere pensieri più costruttivi e azioni di valore. Il viaggio continua, e le scoperte che faremo saranno sempre più intriganti.

Capitolo 3: "La Gestione delle Emozioni: La Chiave per il Controllo"

Nel capitolo precedente, abbiamo esplorato la complessa relazione tra emozioni e pensieri, comprendendo come le emozioni possano influenzare profondamente la nostra percezione del mondo e le nostre azioni. Ora è il momento di addentrarci nell'arte della gestione delle emozioni, una competenza fondamentale per ottenere il controllo della nostra carrozza emotiva e trasformare le emozioni in alleate nella nostra vita.

Il Mito della Suppressione Emotiva

Spesso, quando si parla di gestione delle emozioni, la prima immagine che viene in mente è

quella di sopprimere o
nascondere le emozioni. Tuttavia,
questa non è la strada giusta.
Supprimere le emozioni può
portare a conseguenze negative
per la salute mentale e fisica. Le
emozioni sopite possono
emergere in modi dannosi, come
rabbia repressa o depressione.
Invece di sopprimere le emozioni,
dobbiamo imparare a riconoscerle
e ad accettarle. Riconoscere una
emozione è il primo passo per
gestirla in modo efficace.

La Regolazione Emotiva

La regolazione emotiva è l'abilità
di influenzare le emozioni in modo
da adattarle alle situazioni. È
come essere il direttore
d'orchestra della nostra sinfonia
emotiva, capace di modulare il
ritmo e l'intensità delle emozioni.
Questa capacità non implica
eliminare le emozioni negative,
ma piuttosto trovare modi sani
per affrontarle e trasformarle.

Ci sono diverse strategie che possiamo utilizzare per regolare le emozioni:

- **La Respirazione Profonda**: La respirazione consapevole può aiutarci a calmare emozioni intense come la rabbia o l'ansia. Respirare profondamente e lentamente riduce la tensione nel corpo e ci aiuta a ritrovare la calma.

- **La Consapevolezza Emotiva**: Essere consapevoli delle nostre emozioni ci permette di comprenderle meglio. Possiamo chiederci perché stiamo provando una certa emozione e cosa possiamo fare per affrontarla in modo positivo.

- **La Meditazione**: La meditazione è un potente strumento per regolare le emozioni. Pratiche come la meditazione mindfulness ci insegnano a osservare le emozioni senza giudicarle e ad accettarle come parte di noi stessi.

- **L'Espressione Creativa**: L'arte, la scrittura o altre forme di espressione creativa possono aiutarci a canalizzare e trasformare le emozioni negative in opere d'arte o in una narrazione positiva.

- **La Connessione Sociale**: Parlare con gli amici o con uno psicologo può aiutare a condividere le emozioni e a ricevere supporto ed empatia.

L'Importanza della Pratica

La gestione delle emozioni è una competenza che richiede pratica costante. Non è qualcosa che si impara da un giorno all'altro, ma

un percorso di crescita personale.
Ogni volta che riusciamo a gestire in modo sano una emozione intensa, diventiamo più forti e più capaci di farlo in futuro.
La gestione delle emozioni non significa eliminare le emozioni negative, ma piuttosto trasformarle in un'energia positiva che ci guida verso azioni costruttive e proattive nella vita reale. È un passo importante verso la creazione di una vita più equilibrata e soddisfacente.
Nel prossimo capitolo, esploreremo come possiamo utilizzare questa gestione delle emozioni per creare un circolo virtuoso di emozioni, pensieri e azioni positive che ci aiuterà a costruire una vita ricca di valore e onore. Siate pronti a scoprire il potere che avete per dirigere la vostra carrozza emotiva nella direzione che desiderate.

Capitolo 4: "Costruire un Circolo Virtuoso di Emozioni, Pensieri e Azioni"

Nel nostro viaggio attraverso le emozioni, abbiamo imparato ad accoglierle e a gestirle in modo consapevole. Abbiamo compreso che le emozioni non sono solo un passaggio obbligato della nostra esperienza umana, ma possono diventare il motore stesso del nostro progresso. In questo capitolo, esploreremo come possiamo creare un circolo virtuoso in cui le emozioni positive generano pensieri costruttivi, che a loro volta ci spingono ad agire in modi che arricchiscono la nostra vita.

Le Emozioni Come Fonte di Ispirazione

Immaginate per un attimo di svegliarvi ogni mattina con una

sensazione di gioia, gratitudine e entusiasmo per il nuovo giorno. Queste emozioni positive non solo influenzerebbero il vostro stato d'animo, ma plasmerebbero i vostri pensieri in modo costruttivo. Iniziereste a vedere le opportunità invece delle sfide e svilupppereste una prospettiva ottimista sulla vita.

Le emozioni positive sono come carburante per il nostro pensiero creativo e per l'innovazione. Ci spingono a sognare in grande, a cercare soluzioni e a intraprendere azioni che possono portare al successo. Quando siamo ispirati dalle nostre emozioni, la nostra creatività si sblocca, e diventiamo più aperti all'apprendimento e alla crescita personale.

Il Circolo Virtuoso in Azione

Ecco come funziona il circolo virtuoso delle emozioni, pensieri e azioni positive:

- **Emozioni Positive**: Iniziamo con l'esperienza di emozioni positive come la gioia, la gratitudine e l'entusiasmo. Queste emozioni ci danno energia e ci fanno sentire bene con noi stessi e con il mondo.

- **Pensieri Costruttivi**: Le emozioni positive ci spingono a pensare in modo costruttivo. Siamo più propensi a vedere le opportunità, a sviluppare soluzioni creative ai problemi e a coltivare una mentalità positiva.

- **Azioni di Valore**: I pensieri costruttivi si traducono in azioni di valore nella nostra vita reale. Siamo più motivati e determinati a perseguire i nostri obiettivi, a migliorare le nostre relazioni e a fare scelte che ci portino verso il benessere.

- **Rinforzo delle Emozioni Positive**: Le azioni di valore che intraprendiamo generano un feedback positivo che rinforza le nostre emozioni positive iniziali. Questo feedback positivo ci motiva ulteriormente a mantenere il ciclo virtuoso in atto.

Coltivare il Circolo Virtuoso

Per coltivare un circolo virtuoso di emozioni, pensieri e azioni positive, è necessario lavorare su alcune abilità chiave:

- **Consapevolezza Emotiva**: Continuate a praticare la consapevolezza emotiva per riconoscere le vostre emozioni e accoglierle, specialmente quelle positive.

- **Cambiamento di Prospettiva**: Sviluppate la capacità di vedere il lato positivo delle situazioni e di concentrarvi su ciò che è nelle vostre mani per cambiare.

- **Azione Decisiva**: Mettete in atto azioni concrete basate sui vostri pensieri costruttivi. Non aspettate, ma agite!

- **Rinforzo Positivo**: Celebrate i vostri successi, anche i piccoli. Questo rinforzo positivo alimenta ulteriormente il ciclo virtuoso.

Conclusioni del Capitolo

Il circolo virtuoso di emozioni, pensieri e azioni positive è una chiave per costruire una vita significativa e appagante. Quando siamo in grado di coltivarlo, diventiamo i creatori attivi del nostro destino. Nel prossimo capitolo, esploreremo come la gestione delle emozioni e il circolo virtuoso possono portare a una vita ricca di valore e onore. Siate pronti a scoprire come trasformare la vostra esistenza attraverso il potere delle emozioni positive e dei pensieri costruttivi.

Capitolo 5: "La Vita di Valore e Onore"

Nel nostro percorso attraverso il mondo delle emozioni, siamo giunti a un punto cruciale del nostro viaggio. Abbiamo esplorato le emozioni, compreso il loro impatto sui nostri pensieri e appreso come gestirle in modo efficace. Abbiamo anche scoperto il potere del circolo virtuoso in cui emozioni positive, pensieri costruttivi e azioni di valore si alimentano reciprocamente. Ora, è giunto il momento di riflettere su come tutto questo possa contribuire a creare una vita che sia veramente degna di valore e onore.

La Vita di Valore

Una vita di valore è una vita che ha un significato profondo e autentico. È una vita in cui le nostre azioni sono in linea con i nostri valori più profondi e

autentici. Quando viviamo una vita di valore, ci sentiamo appagati, realizzati e in armonia con noi stessi e con il mondo circostante.
Le emozioni positive svolgono un ruolo cruciale nella creazione di una vita di valore. Quando sperimentiamo emozioni come la gioia, la gratitudine e l'amore, ci sentiamo ispirati a perseguire le cose che davvero contano nella vita. Queste emozioni ci spingono a coltivare relazioni significative, a perseguire obiettivi che ci appassionano e a contribuire al bene comune.

L'Onore di una Vita Ben Vissuta

L'onore è una qualità che emerge quando viviamo in accordo con i nostri valori e principi. È la sensazione di aver agito in modo etico e responsabile, di aver rispettato noi stessi e gli altri, e di aver contribuito positivamente alla società. L'onore è l'essenza stessa di una vita ben vissuta.

Le emozioni positive e i pensieri costruttivi ci aiutano a prendere decisioni onorevoli. Quando siamo guidati da emozioni come la compassione, la generosità e la gentilezza, le nostre azioni riflettono i valori che ci definiscono come individui. Siamo in grado di fare scelte che onorano non solo noi stessi, ma anche gli altri e il mondo che ci circonda.

Coltivare una Vita di Valore e Onore

Per coltivare una vita di valore e onore, è importante:

- **Riconoscere i Valori Fondamentali**: Identificare i vostri valori fondamentali è il primo passo per creare una vita significativa. Cosa è veramente importante per voi? Quali principi guideranno le vostre azioni?

- **Praticare la Consapevolezza Emotiva e il Circolo Virtuoso**: Continuate a coltivare la consapevolezza emotiva e a lavorare sul circolo virtuoso delle emozioni, dei pensieri e delle azioni positive.

- **Avere Compassione**: Sviluppate la compassione per voi stessi e per gli altri. La compassione è un'emozione potente che ci spinge a fare scelte onorevoli.

- **Inseguire la Crescita Personale**: La crescita personale è un percorso continuo di miglioramento di sé. Imparate da ogni esperienza e usatela per diventare la migliore versione di voi stessi.

Conclusione del Capitolo

La vita di valore e onore è un obiettivo nobile che può essere raggiunto attraverso la consapevolezza emotiva, il circolo virtuoso delle emozioni, dei pensieri e delle azioni, e la pratica di valori autentici. Quando viviamo una vita in cui le emozioni positive ci guidano verso azioni di valore, diventiamo non solo autentici ma anche influenti per il bene del mondo.
Il nostro viaggio attraverso il mondo delle emozioni si conclude qui, ma la vostra avventura continua. Siete armati con le conoscenze e le competenze necessarie per creare una vita di valore e onore. Usate queste risorse per plasmare il vostro destino e per ispirare gli altri a fare lo stesso. Siate pronti a celebrare la bellezza della vita e l'onore di vivere secondo i vostri valori più profondi.

Conclusione: Il Viaggio delle Emozioni verso una Vita di Valore e Onore

Il nostro viaggio attraverso il mondo delle emozioni giunge ora al termine. Abbiamo attraversato terre sconosciute e scoperto tesori nascosti all'interno di noi stessi. Abbiamo appreso che le emozioni sono come i cavalli che guidano la carrozza dei nostri pensieri e azioni, e che possiamo diventare i maestri di questa carrozza.

Abbiamo esplorato il vasto spettro delle emozioni, imparando a riconoscerle e a dar loro il benvenuto nella nostra esperienza. Abbiamo scoperto come le emozioni influenzano i nostri pensieri, creando una danza complessa tra cuore e mente. Abbiamo acquisito la capacità di gestire le emozioni in modo sano e consapevole,

trasformandole in potenti alleate nel nostro percorso di crescita personale.
Abbiamo intrapreso il viaggio verso la creazione di un circolo virtuoso in cui emozioni positive ci ispirano a pensieri costruttivi e azioni di valore. Abbiamo compreso che questo circolo virtuoso è la chiave per una vita di valore e onore, in cui le nostre azioni riflettono i nostri valori più profondi e autentici.
Ora, la sfida è vostra. Il viaggio delle emozioni non si conclude qui, ma continua attraverso ogni giorno della vostra vita. Ecco la vostra chiamata all'azione:

Chiamata all'Azione:

- **Praticate la Consapevolezza Emotiva**: Continuate a esercitare la vostra capacità di riconoscere le vostre emozioni e di accoglierle con gentilezza. La consapevolezza emotiva è la base per una vita di valore.

- **Coltivate Emozioni Positive**: Cerca attivamente emozioni positive come la gioia, la gratitudine e la gentilezza. Queste emozioni saranno la linfa vitale del vostro circolo virtuoso.

- **Siate Consapevoli dei Vostri Valori**: Identificate i vostri valori fondamentali e vivete secondo essi. Questi valori saranno la bussola che guida le vostre azioni verso una vita di valore.

- **Praticate l'Onore nelle Azioni**: Prendete decisioni onorevoli, che rispettino voi stessi, gli altri e il mondo che vi circonda. L'onore è un faro che illumina il vostro cammino.

- **Inseguite la Crescita Personale**: Continuate a cercare la crescita personale e l'apprendimento. Ogni esperienza è una lezione, e ogni lezione può portarvi un passo più vicino alla vostra versione migliore.

Ricordate che il viaggio delle emozioni è un percorso continuo. Ci saranno sfide e ostacoli lungo la strada, ma ogni sfida è un'opportunità di crescita. Siate gentili con voi stessi e con gli altri, e ricordate che il vostro cuore e la vostra mente sono le chiavi per una vita di valore e onore.
Vi auguro un viaggio ricco di emozioni positive, pensieri costruttivi e azioni di valore. Che la vostra carrozza emotiva sia guidata dalla consapevolezza e dalla gentilezza, e che possiate vivere ogni giorno con significato e onore. Il mondo è il vostro, e il vostro destino è nelle vostre mani.

www.ingramcontent.com/pod-product-compliance
Lightning Source LLC
Chambersburg PA
CBHW021148260726
48656CB00025B/2223